ANNABEL KARMEL

Mi primer libro DE COCINA

¡Diviértete en la cocina!

PEARSON
Alhambra

Un libro de Dorling Kindersley
www.dk.com
Publicado por Pearson Educación

Mi primer libro de cocina

Ribera del Loira, 28
28042 Madrid
www.pearsoneducacion.com
ISBN: 978-8-420552-62-0

Traducido de: *Children's First Cook Book*

ISBN: 978-1-4053-0843-4

TRADUCCIÓN Y MAQUETACIÓN
Ediciones Gráficas Arial S.L.
COORDINACIÓN EDITORIAL
Mónica Santos y Esther Martín González

De venta exclusiva en España

Impreso en China-*Printed in China*

Contenido

Éste es mi primer libro dirigido a los niños. He elegido recetas divertidas, tan vistosas como ricas, y además bastante fáciles, para pequeños cocineros desde 3 años.

A los niños les encanta cocinar y disfrutan amasando, pasando el rodillo o cascando huevos. Cocinar con ellos es una fantástica manera de estrechar lazos. Además, casi sin darse cuenta, los niños desarrollan habilidades como contar, medir, pesar y controlar el tiempo.

En este libro hay muchas recetas saludables: salsas, platos principales, dulces o riquísimos postres. Los niños estarán deseando comer lo que han preparado y se sentirán muy orgullosos de ver cómo los demás disfrutan de su comida. También, involucrar a los niños en la cocina es una manera estupenda de motivarlos para que sean exigentes con la alimentación.

Dediquemos tiempo a cocinar con los niños y, sobre todo, disfrutemos en la cocina.

Annabel Karmel

Cosas que vas a necesitar:

Cosas que harás:

remover

mezclar

montar

rallar

triturar

derretir

hacer puré

tamizar y colar

hervir

batir

Cómo amasar:

1. Aplasta un poco la masa y dóblala hacia ti.

2. Aprieta la masa con las palmas de las manos y empújala ligeramente, de dentro afuera.

3. Da la vuelta a la masa, dóblala otra vez, presiona y vuelve a girarla. Repítelo durante unos 8 minutos.

Sartén

Rallador de queso

Cazo con tapa

Batidor

Wok

Brocha

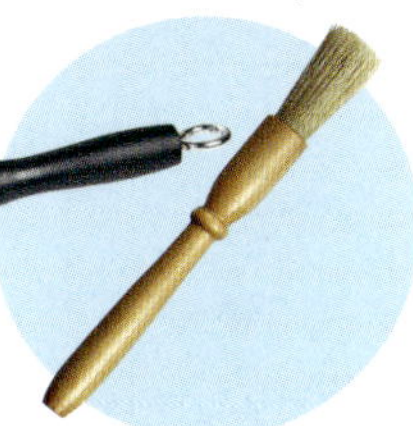

Bandeja de horno cuadrada

Batidora

Bandeja de horno redonda

Pajitas y pinchos

Moldes de polos

Copas

¿Qué significan los símbolos?

1  Utensilios que necesitarás para hacer una receta.

2  Número de personas o de raciones de la receta.

3  Para hacer esto, necesitas la ayuda de un adulto.

huevos

¡Vamos a cascar huevos y a cocinarlos!

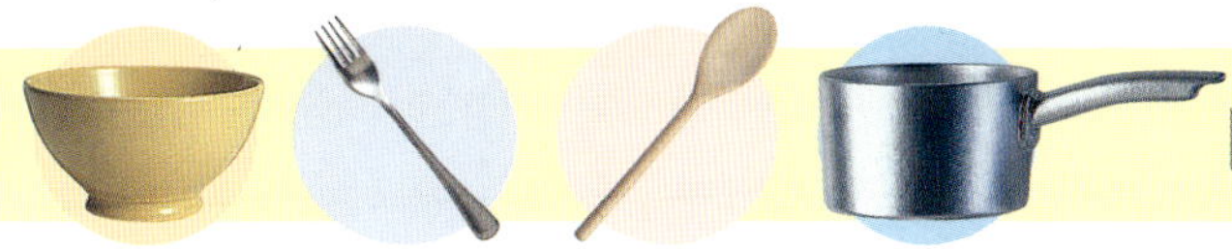

sol de huevo batido

Batir huevos es una "brillante" forma de empezar en la cocina.

Necesitarás:

- sal y pimienta
- 15 g de mantequilla
- 2 huevos
- 2 cucharadas de leche

Así se hace...

1 Casca los huevos dándoles un golpecito contra el borde del cuenco. Después, ábrelos y échalos en el cuenco.

2 Bate los huevos con una pizca de sal y pimienta.

3 Funde la mantequilla a fuego medio. Vierte los huevos y la leche, sin dejar de remover.

4 Dos minutos después, cuando la mezcla ya esté espesa y haya cuajado, ponla en un plato con la ayuda de una cuchara.

Sirve tu "sol" acompañado de "rayos" de tostadas con mantequilla.

mis tortitas preferidas

Con esta masa para tortitas podrás hacerlas muy fácilmente. ¡No se desharán cuando les des la vuelta!

Así se hace...

1 **Tamiza la harina** con la sal en un cuenco grande. Después, haz un hueco en el centro de la harina.

2 **Casca los huevos,** échalos en el centro y bátelos junto con la harina. Mezcla el agua y la leche en una jarra.

3 **Añade la leche** poco a poco, batiendo para que no queden grumos. Derrite 2 cucharadas de mantequilla y mézclalas con la masa.

4 Calienta la mantequilla en una sartén pequeña. Pon sólo la suficiente para cubrir el fondo de la sartén.

5 Añade la masa. Echa dos cucharadas para cada tortita. Inclina la sartén para que la mezcla cubra el fondo.

6 Deja la tortita al fuego un minuto. Despégala con una espátula, dale la vuelta y sácala después de 30 segundos.

7 Rellena las tortitas con la fruta y mucho sirope o miel.

espaguetis de rechupete

Sírvelos con tomate frito y ¡tendrás un éxito seguro con tus invitados!

Necesitarás:

- 2 cucharadas de aceite de oliva
- ½ cucharada de tomate concentrado
- ½ cucharadita de vinagre balsámico
- ½ cucharadita de azúcar
- 400 g de tomates triturados
- 1 cebolla pelada y cortada
- 200 g de espaguetis
- 1 diente de ajo machacado
- sal y pimienta
- queso parmesano

Así se hace...

1 Calienta el aceite en una sartén. Fríe la cebolla y el ajo unos 5 minutos, o hasta que la cebolla esté blanda y transparente.

2 Añade el tomate triturado y el concentrado, el vinagre balsámico, el azúcar y una pizca de sal y pimienta. Tápalo y cocínalo a fuego lento 20 minutos.

3 Cuece los espaguetis

en una cacerola grande con agua hirviendo. Consulta en el paquete cuánto tiempo tienen que cocer.

4 Ralla el queso parmesano.

¡Cuidado con los dedos al usar el rallador! Escurre la pasta, sírvela y cúbrela con la salsa de tomate.

Espolvorea queso rallado en los platos y... ¡a chuparse los dedos!

ensalada completa de pasta

¡Aprobado seguro en pasta! Un plato rápido y fácil de preparar.

Necesitarás:

- 4 cuch. de miel
- 2 cucharadas de vinagre
- 2 cucharadas de salsa de soja
- 1 cucharadita de aceite de oliva
- 2 pechugas de pollo asadas
- 150 g de maíz dulce
- 2 cebolletas
- 175 g de brécol
- 200 g de espirales de pasta

Así se hace...

1 Cuece las espirales de pasta el tiempo que indique el paquete.

En los últimos 3 minutos, añade el brécol.

2 Desmenuza las pechugas de pollo. Haz trocitos pequeños.

Procura que no quede ningún resto de piel.

3 Corta con mucho cuidado las cebolletas.

4 Prepara el aliño: mezcla la miel con el vinagre, la salsa de soja y el aceite de oliva.

5 Mezcla la pasta, el brécol, el pollo, la cebolleta, el maíz dulce y el aliño.

6 Sirve tu ensalada. Ya está lista para comerla.

en

Aprende a hacer masa de pizza y, después, añade los ingredientes...

masa de pizza

Necesitarás:

1½ cucharadita de levadura

1 cucharadita de azúcar

2 cucharadas de aceite de oliva, y un poco más para engrasar

250 ml de agua templada

375 g de harina de panadería, y un poco más para espolvorear

sal y pimienta

Así se hace...

1 Mezcla la levadura con 3 cucharadas de agua. Déjalo reposar 10 minutos, o hasta que parezca espuma.

2 Echa la harina en un cuenco y añade el azúcar, la sal y la pimienta. Haz un hoyo en el centro.

3 Pon la levadura, el agua y el aceite en el hoyo. Mézclalo todo con las manos.

4 Espolvorea harina en una superficie limpia. Trabaja la masa unos 8 minutos, hasta que esté suave y elástica.

5 Engrasa con aceite un cuenco grande, extiende la masa por los bordes, y cúbrelo con film transparente. Deja que repose hasta doblar su tamaño.

6 ¿Ya está la masa? Si pinchas la masa y el agujero permanece, es que ya está lista. Aplástala y ponla en una superficie enharinada.

pizzas 2 en 1

Convierte tus pizzas en caras artísticas. O, si añades pollo, ¡date todo un festín!

Así se hace...

1 Extiende la masa de pizza. Córtala en cuatro para hacer cuatro pizzas pequeñas. Ponlas en la bandeja del horno.

2 Precalienta el horno a 220°C. Cubre cada base con salsa de tomate o salsa de pizza.

3 Crea "caras" en tus pizzas con los ingredientes: tomates para la nariz, aceitunas para los ojos, pimiento para el pelo, u otra combinación.

4 Unos trocitos de pollo, cebolleta y pimiento harán de tu pizza un plato especial.

5 Espolvorea queso sobre todas tus pizzas. Hornéalas unos 12 minutos, o hasta que estén doradas y el queso fundido.

ratoncitos de patata

Estos ratones hechos con patatas asadas son casi tan bonitos como ricos.

Así se hace...

1 Lava las patatas y sécalas bien. Pínchalas con un tenedor y ponlas en una bandeja de horno. Cúbrelas con una ligera capa de aceite.

2 Asa las patatas hasta que estén blanditas. Una patata mediana tarda, más o menos, una hora en asarse en el horno a 200 °C.

3 ¿Se han enfriado ya? Entonces, córtalas por uno de los lados y vacíalas. Puedes tirar las tapas (o comértelas).

4 Haz un puré con la masa de las patatas, la mantequilla, la leche y el queso. Añade sal y pimienta y rellena las patatas con esta mezcla.

5 **Espolvorea con queso** y gratina las patatas en el grill unos minutos hasta que estén doradas.

6 **Haz la nariz con medio** tomate pinchado, y los bigotes con un poquito de cebollino.

7 **Termina tu ratón:** pon los ojos (dos pasas), las orejas (rabanitos) y el rabito (cebolleta).

pollo agridulce

Esta receta es un éxito garantizado y siempre queda sabrosa, bonita y colorista.

Necesitarás:

- 250 g de pechuga de pollo
- 75 g de zanahorias cortadas en palitos
- 2 cuch. de cebolleta picada
- 60 g de maíz tierno
- 200 g de arroz
- 60 g de judías verdes
- 4 cuch. de aceite de oliva

Rebozado:

- 1 yema de huevo
- pimienta negra
- 1½ cuch. de harina de maíz
- 1 cuch. de leche

Salsa:

- 1 cuch. de salsa de soja
- 4 cucharadas de caldo de pollo
- 2 cucharadas de vinagre
- 2 cucharadas de ketchup
- 2 cuch. de azúcar extrafina

Así se hace...

1 En primer lugar, cuece el arroz siguiendo las instrucciones del paquete.

2 Haz la salsa: mezcla en un cuenco todos sus ingredientes.

3 En otro cuenco, echa los ingredientes del rebozado y bátelos.

4 **Reboza muy bien** el pollo y fríelo en dos cucharadas de aceite. Sácalo de la sartén y resérvalo.

5 **A continuación,** sofríe las zanahorias, el maíz y las judías verdes en el aceite que te queda durante 4 minutos.

6 **Añade la salsa** y déjala hervir 1 minuto. Después incorpora el pollo y la cebolleta y termina la cocción.

7 **Sirve el plato.** Pon una cucharada grande de pollo agridulce sobre un lecho de arroz.

rana de guacamole

Causa sensación con esta salsa-rana. Tómala con tus verduras favoritas crudas... ¡Croá!

1 **Corta el aguacate** en dos, quítale el hueso y pon la pulpa en una fuente.

2 **Exprime medio** limón y echa un poco de zumo en el aguacate para que mantenga su color. Una cucharada es bastante.

3 **Haz un puré con** el aguacate, el zumo de limón y la crema agria.

4 **Corta el tomate** en trozos pequeños. Añade 1 $\frac{1}{2}$ cucharada de cebollino cortado muy menudo. Mézclalo todo con el puré.

5 **Sazona la salsa** con un poco de sal y pimienta.

6 **Haz la cara** de la rana encima de la salsa: rodajas de pepino y aceitunas para los ojos y cebollino para la boca.

pez de crema de fruta

Sirve esta crema acompañada de pinchos con tu fruta preferida.

Así se hace...

1 Primero partimos el mango por la mitad, y luego cortamos la pulpa en dados. Ten cuidado al quitarle la piel.

2 Tritura el mango en un cuenco. Usa un tenedor o un prensador. El mango tiene que quedar como un puré cremoso.

3 Mezcla el mango

con el yogur griego y añade la miel para endulzarlo.

4 Decora la crema:

haz la boca con un gajo de mandarina, los ojos con los Conguitos, y un kiwi y una manzana para la aleta y la cola.

5 Prepara brochetas

con tus frutas preferidas. ¡Y a bucear!

magdalenas exprés

Magdalenas suaves y esponjosas. Fáciles como decir...

uno, dos, tres.

Necesitarás:

- 2 huevos grandes
- 1 cdta. de esencia de vainilla
- 125 g de azúcar extrafina
- 125 g de margarina blanda
- 125 g de harina con levadura

Así se hace...

1 Calienta el horno a 180°C. Pon todos los ingredientes en una fuente y mézclalos hasta obtener una masa suave de color clarito.

2 Llena la bandeja del horno de moldes de papel y pon un poco de masa en cada uno, hasta la mitad más o menos.

3 Hornea las magdalenas de 18 a 20 minutos. Cuando aumenten de volumen, estén doradas y recuperen su forma al presionarlas, estarán hechas.

magdalenas granjeras

Con unos sencillos toques convertirás tus magdalenas en preciosos animalitos.

Necesitarás:

- tus magdalenas
- 250 g de azúcar glas
- bizcochos
- botones de chocolate
- 125 g de mantequilla blanda
- 1 cuch. de agua
- nubes de algodón
- Lacasitos
- colorante alimentario rosa
- azúcar glas en tubo

1 Primero haz un glaseado

con la mantequilla. Tamiza el azúcar glas en un cuenco. En otro, bate la mantequilla hasta que esté cremosa. Añade poco a poco el azúcar glas a la mantequilla y bátela hasta que la mezcla quede suave. Al final, incorpora el agua.

2 Haz ovejas con las nubes.

Cubre las magdalenas con una capa espesa de glaseado de mantequilla.

3 Coloca ahora las nubes:

con las grandes haz las caras, y con las pequeñas, el cuerpo de lana. Cortadas por la mitad serán las orejas.

4 Haz cerditos rosas.

Mezcla unas gotas de colorante con el glaseado de mantequilla. Extiende la crema rosa por encima de las magdalenas.

5 Pon la nariz

con una nube grande y las orejas con nubes cortadas en rodajas.

6 Para hacer los perritos,

pon bizcochos de orejas, caramelos de ojos y un botón de chocolate como nariz.

7 Pinta las caras

de tus animales con el azúcar glas en tubo.

3 en 1 masa de galletas

Con esta masa de galletas tan sencilla podrás hacer tres sabrosas recetas.

Necesitarás:

- 300 g de harina integral y un poco más para espolvorear
- 150 g de azúcar extrafina
- 250 g de mantequilla blanda, en dados
- 1 yema de huevo
- ½ cdta. de sal
- 2 cucharadas de esencia de vainilla

Así se hace...

1 Bate la mantequilla y el azúcar en un cuenco.

2 Añade la yema de huevo y la esencia de vainilla y bate la mezcla hasta que esté suave.

3 Añade la harina y la sal y mezcla todo hasta obtener una masa cremosa.

4 Haz una bola con la masa, envuélvela en film transparente y déjala en el frigorífico unos 30 minutos.

animales de galleta

Puedes convertir tu masa en un divertido zoológico.

Necesitarás:

Así se hace...

1 Precalienta el horno a 180 °C. Separa la masa en dos partes. Mezcla una mitad con el cacao en polvo.

2 Extiende la masa en una superficie enharinada hasta que tenga un grosor de medio centímetro.

3 Corta la masa con moldes en forma de animales. Coloca los animalitos en una bandeja de horno antiadherente.

4 **Hornea las** galletas 12 minutos, o hasta que estén doradas. Déjalas enfriar en una rejilla.

5 **Haz un glaseado** mezclando el azúcar glas y el agua. Utiliza la manga pastelera para decorar las galletas.

6 **Dibuja las caras** y otros rasgos con el azúcar glas en tubo.

Estas galletas están buenísimas servidas con leche fría.

... ¡bee!

corazones de mermelada

Demuestra tu cariño con estas crujientes galletas de mermelada.

Necesitarás:

tu masa de galletas

60 g de mantequilla blanda y un poco para engrasar

90 g de azúcar glas tamizada

mermelada

unas gotas de esencia de vainilla

1 cucharadita de agua

Así se hace...

1 Precalienta el horno a 180 °C. Alisa la masa y córtala en círculos con un molde de galletas de 6 cm de diámetro.

2 Coloca las galletas en la bandeja del horno engrasada. A la mitad de ellas hazles un corazón en el centro con un molde de 2 cm.

3 Hornea las galletas 12 minutos, o hasta que estén doradas. Déjalas que se enfríen del todo.

4 Glasea la mantequilla.

Bate hasta que esté suave y añade gradualmente, mientras bates, el azúcar glas, el agua y la esencia de vainilla. Cubre con el glaseado las galletas enteras, no las de corazón.

5 Cubre de mermelada

las galletas enteras, por encima del glaseado. Después tápalas con las galletas de corazón. Ahora ya las puedes comer. ¡Están que enamoran!

rollitos de galleta

Haz rollitos de chocolate y de arándanos. ¡No es un rollo!

Así se hace...

1 Divide la masa en cuatro partes. Colorea un trozo en marrón con el cacao y otro en rosa con los arándanos y el colorante. Deja los otros dos sin colorear.

2 Envuelve la masa en film transparente. Métela en el frigorífico una media hora. Mientras, precalienta el horno a 180° C.

3 Extiende la masa en una superficie enharinada. Con cada trozo debes hacer un rectángulo de unos 18 x 20 cm.

4 **Pon la masa sin** colorear sobre la masa con chocolate y enróllalas. Recorta los bordes y haz lo mismo con la masa rosa.

5 **Con los recortes** de la masa, puedes hacer galletas "mixtas". Amásalos juntos y enróllalos como un tronco.

6 **Corta los troncos** en rodajas de medio centímetro. Colócalas en una bandeja de horno antiadherente.

7 **Hornea** las galletas entre 15 y 18 minutos, o hasta que estén ligeramente doradas.

pastel de chocolate

Estos deliciosos ladrillos de chocolate duran hasta dos semanas en la nevera.

Necesitarás:

250 g de galletas Digestive

150 g de chocolate negro

150 g de chocolate con leche

150 g de melaza

100 g de mantequilla sin sal

100 g de orejones (albaricoques secos) en láminas

75 g de pasas

60 g de nueces pacanas en láminas (opcional)

Así se hace...

1 Forra con film transparente un molde plano cuadrado de aluminio. Deja que sobre plástico por los lados.

2 Machaca las galletas con un rodillo. ¡Mételas en una bolsa de plástico para no llenar todo de migas!

3 Funde el chocolate, la mantequilla y la melaza en un cuenco refractario, ponlo sobre un cazo de agua hirviendo. Remueve de vez en cuando.

4 **Retira el cuenco** del calor y añade las galletas, los orejones, las pasas y las nueces (opcional).

5 **Extiende** la mezcla en el molde. Nivela la superficie con un pasapurés.

6 **Deja que se enfríe** y mete el pastel en la nevera una o dos horas, para que cuaje.

7 **Desmolda el pastel** y retira el film transparente. Córtalo en trozos cuadrados y ¡a disfrutar!

tarta de queso con frambuesa

Remolinos de frambuesa y crema para hacer la tarta de queso más rica que hayas soñado.

Necesitarás:

- 125 g de mantequilla
- 250 g de galletas Digestive
- 1 cucharadita de esencia de vainilla
- 450 g de crema de queso
- 225 g de azúcar extrafina
- 300 g de frambuesas frescas
- 60 g de azúcar glas
- 400 ml de nata para montar

Así se hace...

1 Pon las galletas en una bolsa. Machácalas con un rodillo.

2 Funde la mantequilla en una sartén. Echa las galletas machacadas en la mantequilla y remueve muy bien.

3 Forra un molde de aluminio de 20 cm, con base móvil, con film transparente. Extiende la mezcla de galleta, alísala con un prensador y métela en la nevera.

4 Haz un puré de frambuesa. Cuece la fruta con el azúcar durante 10 minutos (desde que empiece a hervir). Déjalo enfriar y cuélalo.

5 **Mezcla la crema** de queso, el azúcar y la esencia de vainilla. Monta la nata hasta que quede firme e incorpórala a la crema de queso.

6 **Extiende la crema** sobre la base de galleta. Utiliza ¾ de la mezcla de queso. Incorpora ¾ del puré de fruta a pegotes para hacer remolinos en la mezcla de queso.

7 **Extiende con** cuidado el resto de la mezcla de queso. Traza líneas rectas de puré de frambuesa. Utiliza un pincho para que queden más finas.

Deja el pastel en la nevera por lo menos 2 horas, o mejor toda la noche.

batido de melocotón melba

¡Todos os sorpenderéis con este fantástico tentempié!

Necesitarás:

400 g de melocotón troceado

100 g de frambuesas

200 ml de yogur líquido de frambuesa

Así se hace...

1 Quita todas las semillas de las frambuesas pasándolas por un colador.

2 Mezcla las frambuesas, el yogur y el melocotón, reserva dos trozos para adornarlo cuando lo sirvas.

sueño de coco

Una bebida cremosa de sabor tropical.

Necesitarás:

125 ml de leche de coco

300 ml de zumo de piña

2 bolas de helado de vainilla

100 g de piña troceada

1 Mezcla primero, sirve después. Pon la leche de coco, el zumo de piña, el helado y la piña (salvo 2 trocitos) en una batidora y bátelo. Distribuye la bebida en vasos y sírvela con la piña que has reservado.

batido veraniego

Sano y refrescante para los días de más calor.

Necesitarás:

- 2 melocotones troceados
- 1 plátano
- 60 g de fresas
- 125 g de yogur de vainilla
- 125 ml de zumo de naranja

Así se hace...

1 Primero prepara la fruta. Pela y trocea el plátano y los melocotones. Quita las hojas verdes de las fresas. Y córtalas en rodajas.

2 Pincha en una pajita trozos de fresa y de plátano. Añade el resto de la fruta en la batidora y bátela. Pon la bebida en los vasos y sírvela con las pajitas de frutas.

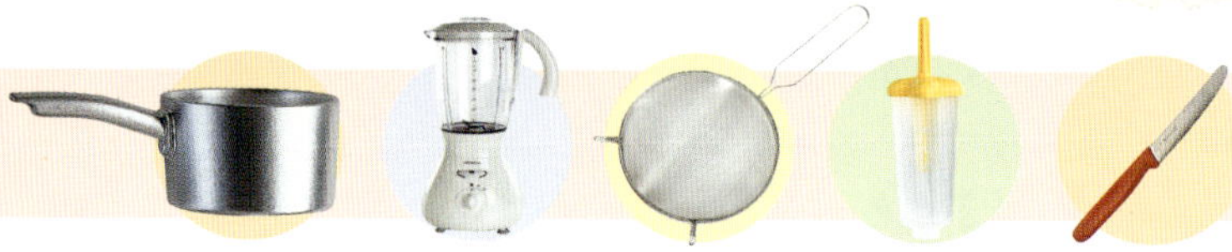

semáforos helados

Rojo, amarillo, verde...
¡Vamos a comer!

Necesitarás:

¼ de una sandía pequeña

3 melocotones maduros

90 g de azúcar extrafina

5 kiwis maduros grandes

3 cuch. de agua

Así se hace...

1 Para el rojo, quita las semillas de la sandía. Tritura la pulpa en una batidora, junto con 30 g de azúcar. Vierte el puré en un molde para polos: debe ocupar ⅓ parte del molde. Congélalo durante una hora y media.

2 Para el amarillo, pela los melocotones. Mezcla y tritura la carne con 30 g de azúcar. Vierte este puré amarillo sobre el puré rojo congelado. Ahora el molde de polos está lleno hasta los ⅔. Congélalo hasta que quede sólido.

3 Para el verde, pela los kiwis. Mezcla y tritura la carne junto con el agua y 30 g de azúcar. Pasa el puré por un colador para quitar las pepitas. Llena con esta mezcla los moldes de polos, coloca los palos en el centro y congélalos.

polos del bosque

Disfruta los días calurosos refrescándote con polos divertidos.

¡Zoom!

Necesitarás:

60 ml de agua

40 g de azúcar extrafina

125 g de frambuesas

zumo de 2 naranjas medianas

150 g de fresas limpias y cortadas por la mitad

Así se hace...

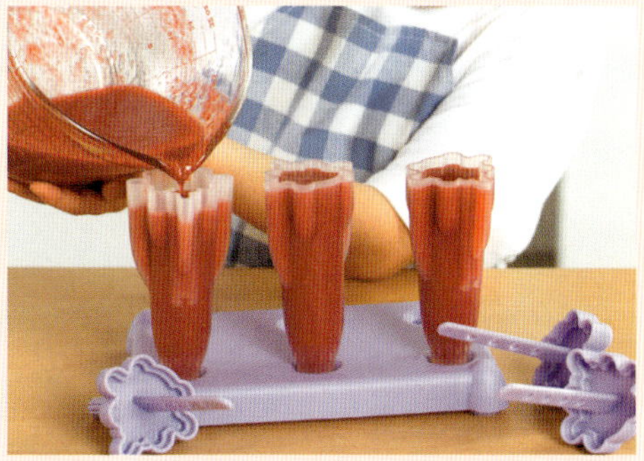

1 Pon a hervir el azúcar con el agua en una cazo. Remueve sin parar hasta que se disuelva.

2 Haz puré y cuela las fresas y frambuesas. Mézclalo con el agua azucarada y el zumo de naranja.

3 Vierte la mezcla en moldes de polos. Pon los palitos y mételos en el congelador.

helado de chocolate

Un capricho dulce muy fácil de hacer.

Necesitarás:

1 Funde la barrita

en un cuenco sobre un cazo con agua caliente. Añade la nata líquida y remueve hasta obtener una salsa suave.

2 Quita la parte

superior de las magdalenas y pon las bolas de helado. Echa por encima la salsa de caramelo y ¡a disfrutar!

crema sorpresa de fresa

Este postre frío es crujiente, suave y deliciosamente dulce.

1 Rompe el merengue
en trozos pequeños. Limpia las fresas, quitándoles la parte superior. Haz puré la mitad y rodajas el resto.

2 Llena dos vasos
colocando sucesivamente capas de fresas trituradas y en rodajas, helado y trozos de merengue.

3 Termina
con una cucharada de puré de fresas y una bola de helado. Decora cada vaso con unas hojas de menta y sírvelo.

Índice

Annabel Karmel es una destacada autora de libros de cocina para niños.

Es experta en inventar recetas sabrosas y nutritivas para niños sin que los padres necesiten pasar horas en la cocina.

Annabel es colaboradora habitual de importantes diarios ingleses como *The Times* y el *Daily Mail*, e interviene con frecuencia en los medios de comunicación como experta en nutrición infantil.

Agradecimientos

Gracias a los niños que aparecen en las fotografías:

Arabella Earley (MOT Junior Agency), Emily Wigoder, Euan Thomson y Harry Holmstoel (Norrie Carr Agency).

annabel karmel

Visite la página web de Annabel Karmel
www.annabelkarmel.com